ORIGINES ET GÉNÉALOGIE

D'UNE

FAMILLE PROVENÇALE

PAR

CYPRIEN BERNARD
Premier adjoint au Maire de Forcalquier
Membre de la Société Archéologique de France

FORCALQUIER
Imprimerie Paul BERNARD
1908

ORIGINES ET GÉNÉALOGIE
D'UNE
FAMILLE PROVENÇALE

PAR

CYPRIEN BERNARD
Premier adjoint au Maire de Forcalquier
Membre de la Société Archéologique de France

FORCALQUIER
Imprimerie Paul BERNARD
1908

ORIGINES ET GÉNÉALOGIE

d'une

FAMILLE PROVENÇALE

ORIGINES ET GÉNÉALOGIE

D'UNE FAMILLE PROVENÇALE

Il est doux, mais il est délicat de parler des siens. Descendant d'une famille dont je vais tracer les origines, j'éprouverai quelque embarras à lui décerner des éloges ou à tresser des couronnes à quelqu'un de ses membres. Par bonheur, il ne s'agit qu'à fixer plusieurs dates et donner une suite généalogique et biographique depuis qu'elle a quitté la souche mère, jusqu'à ce jour.

Je crois qu'il n'y a pas trop d'orgueil à dire que cette famille, modeste s'il en fut, appartenait à cette race laborieuse et énergique qui, aujourd'hui encore, dans les montagnes pastorales alpestres, lutte victorieusement contre un climat rigoureux et contre un sol ingrat et fort accidenté.

Elevée à l'école du patriotisme elle contribua à développer, dans son pays adoptif, les sentiments d'une respectueuse indépendance et à donner à l'ancienne capitale de la Haute-Provence sa part de labeur quotidien, et lui permettre d'occuper avec dignité la place prépondérante qu'elle avait su acquérir soit dans l'ordre social, soit dans l'ordre administratif et judiciaire.

Il existait vers le XIVe siècle, à un kilomètre à l'est de Seyne-les-Alpes, un village dont on découvre encore les ruines, sur le versant sud-ouest d'une petite colline qui domine la plaine et la rivière de la Blanche. Ce village s'appelait *Beauvillard* et l'emplacement où gisent éparses ses ruines informes est aujourd'hui connu sous le nom significatif de *Ville-Vieille.*

Ce quartier assez peuplé obtint certains privilèges et ne tarda pas à constituer une communauté distincte ayant ses officiers municipaux et son autononie communale. Louis Ier d'Anjou, comte de Provence et de Forcalquier, lui avait accordé par lettres-patentes du 23 février 1384, le droit d'élire leurs échevins ou syndics; mais cette concession fut annulée par le roi René, à la date du 21 février 1437, par lettres-patentes signées à Aix, dans sa maison de campagne : *la Mignarde.*

Les habitants de Beauvillard en conçurent une profonde irritation qu'ils manifestèrent d'ailleurs à diverses occasions. De vives discussions surgirent entre les deux localités rivales, car de quatre syndics à élire aucun ne devait être nommé par le bourg de Beauvillard.

C'était en la maison commune de Seyne que se faisait ordinairement, le premier janvier de chaque année, l'élection des syndics. Au milieu du XVe siècle, chacune des deux localités voisines voulut élire les quatre syndics, dans son quartier, et aux élections consulaires du premier janvier 1446, surpassèrent en animosité tout ce qu'on avait vu jusqu'alors.

Les électeurs de chaque communauté se rendirent, en armes, dans l'enceinte destinée aux élections ; les habitants de Beauvillard, voulant sauvegarder leurs immunités et leurs prérogatives municipales, prétendirent dominer l'assemblée: une lutte affreuse s'engagea et le sang coula.

Le parlement de Provence, instruit de cette lamentable situation, évoqua l'affaire à son tribunal et la Cour souveraine reconnut les gens du pays de Beauvillard, comme les agresseurs. Elle rendit un arrêt terrible par lequel ils devaient être expatriés et leurs maisons rasées. Cette sentence inique fut exécutée avec une rare barbarie, en 1466.

Les bannis, pour la plupart, se sauvèrent en Provence, allèrent s'établir sur le littoral méditerranéen, au sud-ouest de la rade de Toulon et fondèrent, dit la légende, une ville qu'ils appelèrent La Seyne, pour éterniser, chez leurs descendants, le souvenir de leur émigration et le nom de leurs oppresseurs.

Plusieurs habitants de Beauvillard restèrent cependant dans les villages environnants et quelques années plus tard deux membres d'une même famille fondèrent une chapellenie a Notre-Dame-de-Nazareth, à Seyne.

La tradition nous a conservé leurs noms et un acte notarié d'Embrun, déposé aux archives des Hautes-Alpes apprend que, le 24 mars 1505, Pons Bernard, de Beauvillard, léguait la chapellenie de Notre Dame-de-Nazareth, à Seyne, vacante par la mort d'Esprit Bernard, à noble Clément Juramy, clerc, de Seyne. Leur cousin Louis Bernard, de Seyne, fut pourvu de la charge de capitaine-châtelain de la Tour de Saint-Vincent, dans la vallée de Seyne, le 23 août 1538.

Pons et Esprit Bernard, appartenaient à une nombreuse famille et leurs frères ou descendants restèrent toujours en butte aux vexations sans fin des habitants de Seyne, aussi dès les premières années du XVIe siècle, ils décidèrent d'émigrer et un jour de printemps saluant d'un dernier adieu leurs chères montagnes, les malheureux bannis emportant comme Enée, leurs pénates doublement vaincus, descendirent en Provence. Après de longues marches ils arrivèrent à Forcalquier, capitale de la Haute Provence, qui attirait alors, grâce à son autonomie communale, d'innombrables transfuges des fiefs d'alentour, heureux d'échapper au pouvoir des tyranneaux de campagne et pouvoir s'abriter sous l'autorité directe et légère des officiers de la communauté.

Ils dressèrent leur tente au quartier St-Pierre, rue du *Chemin Neuf*, aujourd'hui rue *Chouran* : Quatre modestes *cabanons pointus*, sur la pittoresque hauteur de la *Ponchère*, quelques *cannes* de terrain aux quartiers *St-Lazare* et de *Quinsonnet* et un petit troupeau dans les bois de la *Colle*, formèrent d'abord tout leur avoir.

En 1512, on voit ces nouveaux venus travailler avec ardeur aux travaux de terrassements des acqueducs des fontaines.

L'année suivante ils sont compris dans la levée des « gens d'armes» ordonnée par Louis XII et assistèrent à la bataille de Ravenne où périt le jeune et vaillant Gaston de Foix, neveu du roi de France.

Au mois de février 1518, la jeunesse de Forcalquier représente sur le Bourguet, le *Jeu* ou *moralité de Ste-Suzanne*. La ville donne 32 gros aux acteurs: 10 à J. Lardeyret, tambourin, 10 à Antoine Bernard, flûteur et 18 à Noël Ardoin, pour la construction de la scène. Ce même sujet avait été représenté en 1470, au château de Chambéry, par cinquante gentilshommes.

En 1520, Antoine Bernard fut membre de l'assessorat municipal; nous n'avons pu savoir en quoi consistait ces fonctions; était-ce un contrôle du Conseil de la communauté? Au mois de janvier 1536, le Conseil de Ville voulant loger la sénéchaussée d'une façon digne de son importance, décida d'agrandir l'établissement où siègeait la Cour Royale. François Chaurand, charpentier, fut chargé de reconstruire cet édifice et prit Antoine Bernard pour le suppléer.

Plus tard, le 12 Juillet 1590, Honoré Bernard est tué sous les murs de Lurs, dans une rencontre contre les Ligueurs.

Au mois de décembre 1628, le P. Gaspard Bernard, gardien du couvent des Cordeliers, à Forcalquier, retournait du Dauphiné, après une inspection des couvents de son ordre, lorsqu'il fut mis en quarantaine, par le bureau de la police sanitaire, à la ferme des Alliés à St Promace, parce qu'il venait villes infectées. Vingt-deux jours après son arrivée, il est autorisé à rentrer dans son couvent, non sans toutefois que les médecins Blanchard et Rampalle eurent certifié qu'ils l'avaient trouvé en bonne, santé, exempt de toute maladie corporelle.

Le 26 septembre 1631 Lucrèce Bernard, meurt victime de son dévouement en donnant des soins aux malades atteints de la peste; elle teste dans le *Jas de la Grangeasse*, (*Grosse-Grange*) et lègue, aux pauvres de l'hôpital, son modeste pécule.

Le premier mai 1636, une élection eut lieu, en l'église des Cordeliers, devant l'autel Sainte-Barbe, en présence de Antoine Cornailhe, coseigneur du

Revést, viguier et capitaine pour le roi en la ville et viguerie de Forcalquier, pour nommer les dignitaires de l'*Abbaye de la Jeunesse* ou *Gach de Saint-Mary*, furent élus : Gaspard de Burle, abbé, Balthazar Bernard, lieutenant, Joseph Brunet, enseigne.

Pendant le cours des XVIIe et XVIIIe siècles, plusieurs membres de cette famille sont établis potiers d'étain, industrie qui donna, pendant de longues années, un certain relief à la ville de Forcalquier.

Par testament, en date du 18 septembre 1678, Bernard Jacques-Etienne, potier d'étain, laisse aux pauvres de l'hôpital une somme de 450 livres.

Par ordonnance rendue par les commissaires généraux du Conseil, députés sur le fait des armoiries, la famille Bernard, fut comprise dans le recensement de 1696, ordonné par Louis XIV qui donna lieu à la création de l'Armorial Général de France, sous la direction de Ch. d'Hozier, conseiller du roi et garde général de l'Armorial.

Cette famille fournit également plusieurs droguistes, qui herborisaient dans la montagne de Lure et nous relevons dans les fastes consulaires de la ville : Bernard Antoine, procureur, consul en 1652; Bernard Blanchard, apothicaire, consul en 1719; Bernard Jean, consul en 1739; Bernard Lambert, apothicaire, consul en 1769 et 1775; ce dernier possédait une importante partie des terrains situés aux quartiers du *Soufflet* et de la *Serre de la Garde* Bernard Cyprien 1er adjoint élu en 1904 et en 1908; la durée de ces dernières fonctions est de quatre ans.

Au mois de septembre 1770, une grande sécheresse désolait la campagne, les arbres étaient déjà dépourvus de leur parure, à peine y restait-il quelques feuilles jaunies ou rougeâtres. Au lieu de ce grand et pittoresque rideau de verdure que présente d'ordinaire le magnifique spectacle des champs de la Provence, on ne découvrait, à travers les branches dénudées des arbres, que quelques laboureurs essayant péniblement de creuser de longs sillons, dans leurs terres durcies par les rayons d'un soleil brûlant. On n'osait confier aucune semence à la terre; le ciel refusait une pluie bienfaisante, les sources ne laissaient plus couler leurs eaux claires et limpides, les petits cours d'eau de la région étaient à sec; les puits avaient tari; seules les fontaines de *la Louette* et la *Bonne-Font* donnaient encore un mince filet d'eau. On dût faire moudre le blé aux moulins, de la *Serre* et de la *Clède*, situés sur la rive droite de la Durance. Le pain de froment valait cinq deniers. la livre. Bernard Pierre fut chargé, par le Conseil de la communauté, de fournir à la ville la farine nécessaire à son alimentation.

Au mois de juillet 1772, une terrible épidémie de *suette miliaire* sévit avec intensité sur la ville de Forcalquier. Bernard Jacques (marié le 18 octobre 1764, à Meyronnes Marie.) (1) s'expose à la

(1) Meyronnes Marie, originaire de Meyronnes, vallée de Barcelonnette, parait être une desdendante de la famille de Meyronnis, qui, vers la fin du XIIIe siècle, comptait parmi ses membres François de Meyronnis, surnommé le *Docteur éclairé*; membre de l'Ordre des

contagion, pour soigner les malades; atteint par le fléau et sentant ses forces diminuer, de jour en jour, il puisa dans sa conscience de catholique, cette patience et cette résignation qui firent l'étonnement de ceux qui l'approchaient. Soigné par le célèbre docteur Tournatoris, d'Aix, il guérit de cette longue maladie et reprit ensuite ses occupations agricoles, avec un zèle et une ardeur infatigables.

Sous la Terreur, Bernard Jacques, arrêté comme suspect, fut emprisonné dans la maison des ci-devant religieuses Visitandines, où il attendit, pendant plusieurs mois, avec une stoïque résignation, son départ pour comparaître devant le tribunal révolutionnaire qui siégeait à Orange, dans le Comtat.

Le neuf thermidor, jour où tomba Robespierre, lui sauva la vie. Il perdit une partie de son modeste avoir lors de la dépréciation des assignats.

Le quatre janvier 1791, le Conseil général de la commune de Forcalquier, déclara que tout citoyen âgé de 18 à 50 ans, était invité à se rendre à l'église des dames de la Visitation pour procéder à la formation d'une liste de 70 hommes que la commune devait fournir pour composer l'effectif du bataillon du district. Les citoyens présents déclarèrent

---

Cordeliers, sa haute réputation lui valut l'amitié du roi Robert, roi de Sicile et celle du pape Jean XXII. Reçu docteur de Sorbonne, il professa avec succès à l'Université et mourut à Plaisance le 26 juillet 1327, après avoir écrit plusieurs ouvrages. C'est à lui qu'on doit l'institution de la Thèse, appelée Sorbonnique.

vouloir être inscrits. Le nombre excéda celui qu'on demandait à la ville; il fut décidé alors qu'on inscrirait, sur les registres, les volontaires célibataires et que les hommes mariés seraient inscrits, à la suite, comme *surnuméraires*, dit la délibération municipale.

On relève sur cette liste le nom des trois frères : Jacques, Etienne et Joseph Bernard, (fils de Jacques (1) et de Meyronnes Marie) qui plus tard firent la campagne d'Espagne, dans le bataillon des Grenadiers des Basses-Alpes, armée des Pyrénées-Orientales, commandée par le général Bas-Alpin, Peyron; l'aîné, Jacques, fut tué au siège de Puycerda, où tombèrent également plusieurs volontaires du département. Etienne et Joseph, leur service militaire terminé, reçurent à Bagnol-les-mers, le huit brumaire de l'an III républicain, un certificat constatant que : le caporal Bernard Joseph et le premier grenadier Bernard Etienne, de la 6e compagnie du bataillon des Basses-Alpes, natifs de Forcalquier, district de Forcalquier, département des Basses-Alpes, sont présents au corps depuis sa formation qu'ils s'y sont toujours comportés en vrays et dignes républicains, qu'ils ont donné des mar-

(1) Bernard Jacques possédait : 1° une maison rue Chouran, confrontant Saye Louis, Esmieu Charles, la rue et la ruelle ; 2° une partie de maison, même quartier confrontant Esprit Brun, la maison de l'hôpital, la rue et au dessous Michel Bourrillon; 3° une autre maison, même rue, confrontant la maison de l'hôpital, les hoirs Antoine Breugne et la rue. Ces trois immeubles payaient au fisc, une redevance de six livres cinq sols.

ques les plus rares de civisme et qu'ils se sont montrés dans toute les affaires comme bons défenseurs de la République. »

Bernard Joseph se maria et fut s'établir, à Aix où deux de ses filles : Marie et Jeanne épousèrent deux frères Chambarel, originaires également de Forcalquier. Son fils Etienne se maria à Aix et eut: Marie, mariée à Rabus Etienne et Sophie, mariée à Chambarel Lucien, dont : Etienne.

Nous relevons en outre, dans cette branche, le nom de Chambarel Antoine, fils de Chambarel Michel et de Bernard Jeanne, né à Aix, en 1833, décédé le 23 Août 1891, négociant en cuirs et peaux, fut un des chefs du parti opportuniste de la ville d'Aix; conseiller municipal pendant 12 ans, il fut élu conseiller d'arrondissement, (canton Nord) en 1882.

Son fils Jean-Henri-Antoine, continua le commerce de son père et géra ensuite le café d'Europe et du Palais, place des Prêcheurs à Aix en-Provence.

Les sœurs d'Antoine Chambarel sont : Pauline, mariée à Barrière, chapelier; Sophie, mariée à Long, ferblantier à Fuveau, et Clara, mariée à Peytral, voyageur de commerce.

Branche demeurée à Forcalquier.

Bernard Etienne né le 2 avril 1770, décédé le 10 mars 1847, marié le 19 pluviose an V (17 février 1797), à Roubaud Marie, née le 19 novembre 1770, décédée le 10 Janvier 1841, fille de François et de Indignoux Catherine.

De ce mariage naquit :

1° **Joseph-Elzéard,** né le 29 ventose an VIII, décédé à Marseille en 1863. Contremaître dans une raffinerie de soufre, sa famille se composait de : ANTOINE, THÉRÈSE, MARIE.

2° **Jean-Joseph,** né le 2 prairial an XII, marié à Daurelle Marie, née à Lurs, le 9 nivose an XII dont : ETIENNE, JOSEPH, LOUISE.

3° **Etienne,** né le 6 septembre 1806 mort sans postérité.

4° **Charles,** né le 9 août 1808 décédé le 17 mars 1875, marié à Roche Marie Elisabeth, née le 14 septembre 1815, décédée le 26 février 1902 dont : 1° MARIA, née le 8 juillet 1839 mariée à Saye Jean, dont : CHARLES.

2° SIMÉON, né le 18 février 1841, garde-champêtre, agent du cadastre, décoré d'une médaille d'honneur, membre fondateur de la société de Secours Mutuels, en avril 1867; marié à Coulomb Anne Alexandrine, née le 1er octobre 1846, dont : Baptistine Eugénie, née le 6 février 1870, mariée à Saturnin Victorin, commis en pharmacie, né le 14 février 1867, dont : Elisa, Victor. *Isidore Ernest*, né le 7 novembre 1871, entrepreneur-maçon, marié à Rolland Julie, né le 10 avrll 1876, dont : Siméon, Lucien, Camille. *Martial François*, né le 24 novembre 1875 1er Commis des hypothèques à Trévoux, Ain, marié à Brachet Claudine le 21 novembre 1907 *Lucien Victor*, né le 9 mars 1882 bourrelier à Banon, marié le 10 novembre 1907 à Rolland Claudine Augusta, née le 23 juillet 1879.

3° FRANÇOISE ELISABETH née le 13 janvier 1848, mariée à Baille Augustin, dont : Fernand.

4° ISIDORE, né le 26 mars 1852 marié à Baille Louise, dont : Emma, Eugène, Gaston, Adrienne.

5° **Suzanne Thérèse,** née 27 septembre 1812, décédée le 21 novembre 1880, mariée à Dépieds Jean Joseph, originaire de Pierrerue, dont : JOSEPH, AUGUSTINE, MARIE dit Miette, PHILOMÈNE, VICTORINE, FÉLICIEN, HIPPOLYTE, MARIE.

6° **Claire Jeanne,** née le 23 décembre 1817. décédée sans postérité.

7° **Benoit,** dit François, né le 12 mars 1820, décédé le 24 avril 1885; marié le 31 mai 1849 à Martin Marie Julie, née le 10 novembre 1833, décédée le 15 août 1894, fille de Jean-Baptiste, de Pierrerue et de Lami Julie Dorothée, de Lardiers. Cordonnier et négociant en épicerie, membre fondateur de la Société de Secours Mutuels et de l'Athénée littéraire, en 1867; Conseiller municipal, lieutenant de la Garde Nationale en 1870 dont : 1° CYPRIEN Joseph, né le 10 décembre 1851, marié le 31 janvier 1877 à Tisserand Marie Claudine née le 26 octobre 1849, fille de Eustache Eugène, d'une famille originaire de Bourg-en-Bresse et de Sube Suzanne, dont : *Lucien Eugène Cyprien*, né le 24 avril 1878. Principal clerc chez Mes Dépieds et Tartanson, notaires à Forcalquier, nommé notaire à Peyruis, le 31 mars 1906; détenteur des minutes du notariat de Lurs le 15 novembre 1907. Marié le 7 janvier 1909 à Marie Isoard, de Riez.

Tailleur, Conseiller municipal depuis le 5 mai 1896. Premier adjoint au Maire depuis 1904;

administrateur secrétaire de la caisse d'Epargne, depuis 1884; administrateur de l'hôpital hospice Saint-Michel, depuis 1898; membre de la commission de statistique agricole; membre de la commission de la bibliothèque communale; ministère public près le tribunal de simple police, depuis 1900; membre fondateur de l'athénée littéraire de Forcalquier; vice-Président de la société de Secours Mutuels; membre de la société littéraire et scientifique des Basses-Alpes, de l'école des Alpes, de la Freirié prouvençalo et de la société Archéologique de France.

Cyprien Bernard s'est toujours plu avec un soin jaloux, à maintenir, dans leur intégralité originale la langue du terroir, les traditions et les coutumes locales, à exalter l'amour pour la Provence et son passé, à s'attacher au culte du génie provençal, à s'élever contre la centralisation qui étouffe la province et faire triompher les revendications de la petite patrie.

Il a publié : *la légende de Saint-Mary* 1902; *la peste à Forcalquier pendant les* XIVe *et* XVe *siècles* 1902; *Forcalquier sous la Terreur*, 1903; *Un érudit Bas-Alpin, Louis Feuillée*, 1904; *Essai historique sur la ville de Forcalquier*, ouvrage honoré d'une subvention du Conseil Général des Basses-Alpes 376 pages, Forcalquier, Paul Bernard, 1905; *d'Eymard Ange Marie, député à l'Assemblée Nationale de 1789*, 1906; *Etude sur les anciennes familles de Forcalquier*. 1906. *Episode des guerres de religion, Marquetas*, 1908. *Etude sur les écoles et le collège de Forcalquier*, 1907. *les Rues de Forcal-*

quier, en collaboration avec M. le Marquis Ch. d'Autane, ouvrage illustré de nombreuses photogravures; *Notices historiques et biographiques, Le roi René et les anciens jeux de Provence; Origines et généalogie d'une famille provençale*, 1908. *Notice sur Ganagobie; Biographie de l'abbé Millou*, et plusieurs travaux d'histoire locale notamment la listes des *Syndics, Consuls, Maires et adjoints de la ville de Forcalquier*. Chaspoul, Digne 1908 :

2° JULIE-JUSTINE, née le 4 septembre 1853 décédée le 8 septembre 1854.

3° PAUL, né le 4 novembre 1855, marié le 23 janvier 1886, à Genin Clara-Thérèse, née à Sault (Vaucluse), le 12 mars 1860, dont : *Augusta, Berthe*.

Imprimeur, fondateur du journal LE BAS-ALPIN, le 16 février 1895, organe modéré qui soutient avec fidélité les opinions républicaines. A édité en 1905, l'ouvrage de son frère : *Essai historique sur la ville de Forcalquier; les officiers généraux Bas-Alpins, de terre et de mer*. 3 volumes, par Martial Sicard, ancien député, Maire de Forcalquier. Sergent-fourrier de la subdivision des Sapeurs-Pompiers de Forcalquier, dont il est un des membres fondateurs; membre fondateur de l'Athénée littéraire, Vice-Président de la société de Secours Mutuels.

Sous-Lieutenant des sapeurs-pompiers le 18 août 1908.

4° IRÈNE, née le 6 avril 1858, décédée le 5 décembre 1872.

5° AUGUSTA-AGLAÉ, née le 22 janvier 1865, mariée à Schwebel Jean Eugène, le 20 septembre 1883, adjudant de gendarmerie, décoré de la médaille militaire, dont : *Edmond*, *Emma*.

8° **Etienne-Joseph**, né le 15 mars 1822, boulanger propriétaire, décédé à St-Chamas (Bouches-du-Rhône), le 11 février 1869. Marié en 1res noces à Rousnin Marie-Virginie, de Saint-Chamas, et en 2mes noces à Rousnin Marie-Appolonie, sa belle-sœur. Du premier mariage, sont issus : 1° GERVAIS-CAMILLE, né à Saint-Chamas, le 19 juin 1852, décédé à Lançon en mai 1888, boulanger. Marié en 1res noces à Turcan Philippine, de Fos-sur-Mer, dont un garçon, et du 2me mariage avec Turcan Marie : deux filles.

2° MARIE-HENRIETTE, née à Saint-Chamas en 1855. Mariée à Cayol Léonard-Antoine, né le 17 janvier 1849, brigadier-poseur au P. L. M., dont : *Marie-Julie*, née à Saint-Chamas le 11 février 1873, mariée le 13 juillet 1889 à Bouty Urbain-Frédéric, né à Velaux (Bouches-du-Rhône), le 30 janvier 1863, dont : Léonie-Jeanne-Henriette, née à Arles, le 25 avril 1892; Marie-Antoinette, née à Arles, le 3 avril 1894. Joseph-Léon, né à Saint-Chamas, le 2 janvier 1897. Jeanne-Charlotte-Virginie, née à Saint-Chamas, le 4 novembre 1903.

3° LÉONIE-JULIE, née à Saint-Chamas, le 28 avril 1859, décédée à Saint-Chamas. Mariée à Cayol Prosper.

Avant de terminer ce travail qu'il nous soit

permis de raconter un curieux épisode dont furent témois deux membres de la famille Bernard.

Lorsque en 1815, revenant de l'île d'Elbe, l'Empereur Napoléon, débarquait sur une plage du golfe Juan. Après avoir traversé une partie de la Provence, il arrivait à Digne, le 4 mars, vers les trois heures du soir, au son du tambour, entouré de son Etat-major et descendait à l'hôtel du « Petit Paris ».

Il partit aussitôt pour Malijay, logea au château que le propriétaire avait abandonné et passa la nuit, assis dans un fauteuil. La troupe commandée par les généraux Bertrand, Drouet et Cambronne bivouaqua sur la place, autour d'un grand feu.

Une fausse rumeur fit croire aux habitants de Forcalquier que Napoléon, déguisé en paysan et monté sur un cheval bai, devait arriver à Sisteron en gagnant Peyruis et Mallefougasse par le bac à traille de Peyruis, car il est bon de rappeler que la route de Digne, passait par l'Escale et Volonne et qu'il n'y avait d'autre pont sur la Durance que celui de Sisteron, situé sous les coups de sa citadelle.

Plusieurs anciens soldats voulurent saluer leur Empereur; d'autres au contraire, ardents royalistes, se souvenant que les grandes guerres de l'Empire avaient enlevé la partie valide de la population bas-alpine, et que son entrée mettrait de nouvelles contributions sur les pauvres habitants du pays, décidèrent de l'arrêter.

Ils rencontrèrent en route un modeste cultivateur qui avait quelques ressemblance avec le signalement connu et l'arrêtèrent; confus de leur méprise ils retournèrent bientôt à Forcalquier: aussi, par ce zèle intempestif, lorsque Louis XVIII, le dernier comte de Provence, monta sur le trône de France, trois de ces jeunes gens, furent décorés de l'Ordre du Lys.

Napoléon ne connut, peut-être, pas cette charmante équipée, et continuant, par étapes, son itinéraire, entrait le 6 mars à Sisteron, le plus sérieux obstacle qu'il avait encore rencontré sur son chemin, couchait à Gap, d'où il devait se diriger vers Grenoble et Paris, avec une rapidité et un succès sans exemple dans l'histoire.

En décembre 1851, la ville de Forcalquier devint le centre du mouvement insurrectionnel, lequel devait s'opposer énergiquement à la politique du Prince Président et faire échouer le coup d'Etat. Quelques membres de la famille Bernard, qui professaient d'ailleurs des opinions libérales et qui faisaient partie de la société secrète de *la montagne*, ne voulurent pas suivre la colonne insurgée, qui devait se réunir aux Mées à celle des conjurés de la rive gauche et concentrer ainsi toutes les forces républicaines du département, à Digne.

Dans cette affaire après avoir essuyé une vive fusillade sur les bords de la Durance, les citoyens qui avait pris spontanément les armes désertèrent en masse; la débandade fut générale, et la retraite, effectuée, par un froid rigoureux, particulièrement pénible.

Sous le second Empire cette famille fut toujours opposée à la politique impériale, et, de ce chef, elle fut en butte à certaines tracasseries policières, aussi elle applaudit sincérement à l'avènement de la République, le 4 Septembre 1870.

Depuis elle n'a cessé d'être fidèle aux idées démocratiques, et, sans ostentation comme sans faiblesse, elle a montré par ses paroles et par ses actes, son adhésion à tout gouvernement républicain libéral.

Profondément respectueuse et attachée au culte de ses ancêtres, à l'amour du clocher natal, elle marche sans défaillance et sans hésitation à la prospérité et à la gloire de la Petite et de la Grande Patrie !

www.ingramcontent.com/pod-product-compliance
Lightning Source LLC
LaVergne TN
LVHW010251230826
846091LV00007B/2920
9782012861411